Für Waldo

GLÜCK VON VORN

Gedichte von Axel Schröder

Verbuchung einer Verssuchungs-Versuchung

Herstellung und Verlag:

BoD-Books on Demand,Norderstedt

Printed in Germany 2015

ISBN: 978-3-7347-9578-7

1. Auflage

www.edition-versland.de

Vorwort

Im Februar 2015 starb der Greifswalder Liederge-schichtenerzähler Waldemar „Waldo" Werner. Ich möchte ihm diese buchgewordene Sammlung neuer Gedichte widmen.
Er lehrte mich, Worte nicht als gegeben und in ihrer Bedeutung unverrückbar hinzunehmen, son-dern sie als Wesen zu begreifen, die eigene Leben führen, sich mit den Jahren immer wieder ändern, ihre Bedeutung wandeln und die nicht benutzt sondern sorgsam gewählt und behandelt sein wollen. Weil es die Worte sind, die für uns spre-chen. Es ist modern geworden, leichten Worten eine künstliche Größe und Schwere anzuhängen. In dieser Hinsicht war Waldo wohltuend unmo-dern. Er hatte die so seltene Gabe, schweren Worten eine augenzwinkernde Leichtigkeit mit auf den Weg zu geben, die es möglich macht, das Ge-sagte auszuhalten. So wie in der Liebeserklärung für seine Frau Petra: „Wenn einer von uns beiden stirbt: Was soll ich dann machen?"
Ich habe mich, fürchte ich, für den mir so wichti-gen Anstoß nie so richtig bedankt. Wenn auch viel zu spät, nun also jetzt: Danke Waldo. Das hier ist für Dich.

Axel Schröder, Greifswald im März 2015

HINWEIS zur Benutzung der Printausgabe

Liebe junge Freunde der Lyrik!
Dies hier sind Gedichte in einem Buch. Aus Papier. Das ist so was Ähnliches wie ein eBook. Nur ohne Strom. Und mit viel mehr echten Seiten. Um von einer dieser „Seiten" zur nächsten zu gelangen, hat es sich als sinnvoll erwiesen, den Daumen der rechten Hand oben rechts an die Ecke der Seite zu legen, dann den Zeigefinger von oben auf die Seitenkante fallen zu lassen und anschließend ein wenig zu krümmen, wobei die Ecke der Seite bestenfalls an den Papillen des Fingers hängenbleibt, sich so von den übrigen Buchseiten löst und umblättern lässt. Wenn man von einer Seite zur vorhergehenden Seite gelangen will, verfährt man eben so, nur dann auf der oberen linken Kante. Um die Wirkung zu verstärken, lecken manche Menschen ihre Finger an, weil dann das Papier besser an der Haut klebt. Wer das Buch später an eine Freundin ausleihen oder verschenken will, sollte das nicht tun, weil das zu Flecken führt. Und mit Schokolade im Mund verbietet sich das sowieso.

Liebe erfahrener Lyrikfreunde!
Dieses Buch enthält keine Seitenzahlen. Das hat verschiedene Gründe. Zum einen hatten wir das Gefühl, dass schon hinreichend viele Zahlen auf

der Welt existieren. Die Zahlen, die wir an den unteren Rand hätten schreiben können, dürften Ihnen längst bekannt sein, hätten also keinen echten Informationswert. Der Vorschlag, jede Seite mit einer weiteren Nachkommastelle von Pi zu bezeichnen, wurde letztlich von der Druckerei abgelehnt. Es widersprach deren Verständnis von Zahlen. So blieben die Seiten dieses Buches unbezahlt. (Was auf dieses Buch, sofern es sich in Ihrem Besitz befindet, hoffentlich nicht zutrifft.) Es steht ihnen ausdrücklich frei, die Seiten dieses Buches in einer von Ihnen gewünschten Reihenfolge zu benutzen, diese selbst zu nummerieren sowie sonstige nicht bedruckte Seitenteile mit Kommentaren, Illustrationen oder geometrischen Figuren zu veredeln.

Das dafür erforderliche Werkzeug „Stift" ist, statistischen Erhebungen zufolge, noch immer in 99,7 Prozent aller deutschen Haushalte vorhanden. In festem Glauben an die Richtigkeit dieser Zahl haben wir darauf verzichtet, dem Buch ein solches Werkzeug beizugeben.

Und nun wünsche ich Ihnen viel Spaß bei der Benutzung ihres neuen Buches.

Peter Heimann –Schwarz
(Herausgeber)

Frühlingsanfang

Es ist noch nicht mal sieben Uhr
und ich bin schon so richtig wach.
Das muss am Frühling liegen. Nur
Was tu ICH Früh-ling nun? Ich mach

mich ran ans Werk, nutz meine Zeit
und schreibe ein paar Zeilen
zum Thema: Frühjahrsmüdigkeit.
Ich muss mich sehr beeilen,

denn das Thema, das ich griff,
greift seinerseits bereits nach mir.
Und schon entgleitet mir der Stift,
ein schwerer Kopf fällt aufs Papier,

mein wunderbarstes Frühlingslied
bleibt wieder einmal unbekannt.
Mich hat, was leider oft geschieht,
das Dichtungsthema übermannt.

Und während ich auf eine Böe blicke
die Segel auf dem Traummeer spannt,
zitiert die Welt schon wieder Mörike
und Frühling lässt sein blaues Band …

Ein Golem namens Freiheit

Sie wecken mich bei Nacht.
Ich weiß nicht, wer sie sind.
Ich werde scharf gemacht.
Und dann laufe ich blind
hilfziellos durch die Straßen.
In jedem Haus verstecken
sich jene, die mich wecken
und die, die mich vergaßen.

Ich weiß nicht, wer ich bin,
weiß nur: Ich bin gemacht.
Ich weiß: Mein Lebenssinn,
der jede Nacht erwacht
mit Fuchs und Kauz und Unke,
mit Eulen, Katzen, Dachsen
ist nicht in mir gewachsen.
Es ist ein fremder Funke.

Ich weiß nicht, was ich tue
bei Nacht mit mir, mit ihnen.
Ich weiß nur, meine Schuhe,
die abends blank erschienen
sind lehmverschmiert am Morgen;
die Fingerkuppen blutig.
War über Nacht ich mutig?
Muss ich mich darum sorgen,

ob ich durch Straßen nackt strich?
Muss ich die Nacht bereuen?
Das Morgengrauen packt mich
in jedem Tag von Neuem.
Dann lieg ich still in Zimmern
und schließ, als würd ich schlafen,
die Augen, wenn die Braven
sich um ihr Leben kümmern.

Ich weiß nicht, was ich werde,
wenn dieser Tag verschwindet
und Nacht sich wiederfindet
auf lichtentleerter Erde.
Ich weiß, dass ihr dabei seid,
wenn man mich wieder weckt,
den Golem, namens Freiheit.
Wisst Ihr, was ihr bezweckt?

Effekt ohne Komplett-Aha

Du bist, wer Du bist.
Du bist, was Du isst.
Du isst, was Du bist?
Wer ist, den Du isst?
Was ist, das du bist?
Isst Du, bist Du.
Aber wer? Oder was?

Troikalogik

Gerechtigkeit ist, wenn
sich alle an die Regeln
halten, die für alle gleich,
ich geschaffen haben.

Erkenntnis Nummer 304

Um jemandem
an die Gurgel zu gehen,
sollte man ihm
schon sehr nahe stehen.

Schlafgewohnheit

Gott ist vermutlich ein Fakir.
Die Erde ist sein Nagelbett.
Deshalb bauen wir ihm/ihr
Kirchtürme und Minarett.

Geben

Gib Dein Bestes
oder Du lässt es!
So funktioniert das Leben.

Die einen tun's,
die anderen lassen … geben.

Das Wort

Ich kann mich an das Wort nicht mehr erinnern,
das jemand an die Häuserfront gesprüht.
Ich starre in die Dunkelheit, mir flimmern
die Augen müde, die Pupille glüht.

Ich google, grüble, quäle Tastaturen.
Du bringst mir Tee und gehst. Ein rotes Haar
bleibt hier und schwebt. Wo sind die Spuren
von dem, was gestern noch zu sehen war?

Vorm Fenster blüh'n im Lampenschein Narzissen.
Das Radio sagt, am Morgen wird es schnei`n
und dass wir damit weiter rechnen müssen,
weil März ist. Und mir fällt das Wort nicht ein.

Den Winter über konnte ich es lesen.
Ich musste nichts als auf die Straße sehn.
Es stand, als wär`s schon immer da gewesen,
als würde es dort auch für ewig stehn.

Auf Fotos, die ich noch im Speicher finde,
klebt fremdes Grinsen. Wer lacht mich da aus
und versperrt den Blick auf Hintergründe?
Das Wort ist nicht zu ahnen. Nur das Haus.

Die nächste Tasse Tee ist kalt geworden.
Du fragst mich, ob ich gern noch etwas hätt'.
Mir fällt nichts ein. Du sagst:„Dann bis Morgen",
küsst mir sanft das Haar und gehst ins Bett.

Vielleicht ist nur bei Nacht das Wort, aus Gründen,
die ich nicht kenne, fort. War's gar nur Schmutz?
Ich kann das eine Wort nicht wiederfinden.
Vielleicht hat wer die Hauswand neu verputzt.

Sprichverwortet!

Schweigen ist Gold. Nur eben:
Niemand, und das ist ätzend,
weiß unseren Reichtum zu schätzen,
solange wir nicht drüber reden.

PS:
Oh, gucke doch mal, Ingeborg!
Etwas für Dich: Heut abend zeigt
die ARD den Fernsehtalk
zum Thema: „Wie man richtig schweigt".

PPS:
Wer mit dir übers Schweigen
reden möchte, will gern
dein Gold sich zu eigen
machen und versilbern.

Verrückter Frühling

Auf einmal ist alles wieder zu haben:
Gesundheit und Liebe, Zufriedenheit, Glück.
Und all das nur wegen des Himmelsblaus,
das plötzlich und klar früh aufzog von Osten.
Ist schon verrückt!

Auf einmal ist alles wieder zu finden:
vergessene Träume erscheinen im Blick.
Man sieht im Plan das Gelingen des Baus.
Und all das wegen ein paar grüner Knospen!
Ist schon verrückt!

Auf einmal ist alles wieder voll Lachen.
Graufrostiger Winter? Der liegt weit zurück!
Dass es so bleibt, stehen wachend vorm Haus
sechs Krokusse sonnenbeschienen auf Posten.
Ist schon verrückt.

Kerzengruß

Ich hab eine Kerze ins Fenster gestellt.
Du kannst sie nicht sehen, das weiß ich.
Schon deshalb, weil die Krümmung der Welt,
verhindert, dass mein Licht dich befällt,
und strahlte es auch noch so fleißig.

Zum anderen zeigen an Deinem Haus
Balkone und Fensterpfosten
samt und sonders nach Westen raus,
so wollten es die Architekten des Baus.
Ich aber wohne im Osten

und hab eine Kerze ans Fenster gebracht.
Sie sendet, von dir weit entfernt, Licht
und Wärme durch die froststarre Nacht,
die Augen nur finden, sind sie zugemacht.
Dann spürst Du das Licht und es wärmt dich.

Letzte Runde

Von draußen kommt die Kühle
mit dem Besen
Der Wirt stellt schon die Stühle
auf den Tresen

Wir suchen keinen Grund mehr
hier zu trinken
Wir tun, als ob`s gesund wär
zu versinken

Bleibt nur noch eine Runde
zu bestellen
Der Letzte beißt die Hunde
wenn sie bellen

Besenrein übergeben

Neue Besen kehren auch
nicht besser als die alten,
wenn die, die ihn gebrauchen,
sich nur am Stiel festhalten.

Viel zu wenig

Sich mit wenig zufrieden zu geben,
ist schwer, man merkt das täglich.
Aber: Mit Viel zufrieden zu leben:
Das ist echt unmöglich!

Hinterher?

Kennst du das Gefühl „Danach"?
Nachdem man wirre Worte wagte?
Wenn man, kurz nachdem man sprach,
erkennt, was man da eben sagte?

Mein Haar ist grau. Mein Hirn ist blond.
Es wäre umgekehrt mir lieber.
Das Leben geht. Das Leben kommt.
Mein Leben geht nie wieder.

Ich bin so unheilbar gesund,
dass mich die Kranken meiden
Auch sie woll'n lieber weiter un-
ter ihres gleichen bleiben.

Ich lebe so lebendig, dass
sie es mir längst verboten
haben, durch das Friedhofsgras
zu reden mit den Toten

Wenn ich doch ganz heimlich sprach,
mit denen, die dort liegen:
"Kennt ihr das Gefühl danach?",
dann haben sie geschwiegen.

Vielleicht ist das der ganze Trick:
Danach den Mund zu halten
Davor zu schweigen, ist zwar schick.
Danach jedoch... Danach entfalten

alle ungesagten Sätze
schweigend ihren Goldcharakter.
Sie erscheinen uns als Schätze,
jede Silbe ein Smaragd, der

leuchtet, strahlt, die Sonne blendet
und unraubbar nur uns gehört,
den man gerne dreht und wendet.
Eine Kleinigkeit nur stört

den „Danach"-Glanz leider beständig:
"Davor" lässt sich nicht entstauben,
stirbt nicht und will wild lebendig
dem Danach die Strahlkraft rauben.

Kennst Du das Gefühl "Danach"?
Wenn das "Hinterher" vorbei ist?
Wer weiß schon, wovon er sprach,
eh er, verkatert, nicht mehr high ist?

Genau!

Es scheint weithin unbekannt,
dabei ist es gar nicht neu:
Die meisten Matrosen sterben an Land.
Ahoi

Vermutlich

Ein Seemann,
der ins Gras beißt,
hat zumindest
Land in Sicht.

Gesprächsprotokoll Nummer 194

Das sagte mir in Rostock ein Matrose:
Bei Menschen, die für Toleranz streiten,
scheint sich irgendwie Laktose-
intoleranz verstärkt zu verbreiten.

Euphorie, fast ungebremst

Liebes Leben!
Mein Liebesleben
leb ich dieses Liedes wegen.

Ich will dies Leben
gerne lieben
es pflegen und hegen,
auch bei Hieben,
bei harten Schlägen
im Unterliegen,
und meinetwegen
auch im Siegen.

Es ist ein Segen
im Leben zu lieben,
mit Liebe zu leben
mit Beben und Trieben,
wenn Lieder und Reden
vom Schmetterling schrieben:
„Die Tierchen pflegen
durch Mägen zu fliegen"

Ich hab meine Leben
dem Lieben verschrieben.
Und hatte noch eben
davon ganze sieben.

Achtlos vergeben,
gestohlen von Dieben,
beim Bierhumpenheben,
vom Alltag zerrieben,
verführt vom Daneben,
unglücklich geschieden,
ist mir als Leben
Erinnern geblieben.

Ich hoff, sie vergeben,
dass ich sie vertrieben
hab, im Bestreben
das Leben zu lieben.
Als Restliebe kleben
sie, nicht wegzukriegen.
an mir, meinem Leben.
Das muss ich nun lieben!

„Ich würd es nicht leben,
würd ich es nicht lieben."
Mir schien der Satz eben
als Lied zuzufliegen.
Und eben dieses Liedes wegen
liebe ich mein Liebesleben,
Liebes Leben!

Vorfreude

Ja wirklich: Einmal wäre ich
beinahe mit ein paar Worten,
aufs Geratewohl zu nem Gedicht
gereimt, reich und berühmt geworden.

Vor lauter Vorfreude darauf
schrieb ich sie leider niemals auf.

Marquez (gestorben 2014)

Ich bin nicht weg.
Bin nur nicht mehr ver-Hiert.
Ich bin nicht weg.
Nur nicht mehr konzentriert
darauf zu zeigen, wo ich bin.
Bin hier, seht nur genauer hin
Ich bin nicht weg.
Ich sitze und bestaune
aus meinem Eck
lichtkreischendes Geraune
der neuen Bühnenhelden,
die sich mit Fragen melden:

Wo ist er hin?
Ich rief` manchmal gern
Wo ist wer hin?
Leise weht von fern
Mein Name. Wie ein Wüstenwind,
der die Tränenaugen blind
macht, mir aber schmeichelt,
warm die Seele streichelt.
und sagt: „Das merke Dir:
Du bist nicht fort,
schon gar nicht fort von hier.
Du bist nur dort!"

Odysseus

Zehn Jahre Krieg waren genug.
Mit den Gefährten machte er
sich auf, über das Mittelmeer,
bis ihn eine Welle ans Ufer trug,

die anderen längst bei den Toten,
empfangen von grimmigen Fremden
die ihm, Waffen in den Händen,
ihr Unwillkommen entboten

Nomen est Omen. Ob das stimmt?
Seine Mutter las einst sehr
gern die Geschichten von Homer.
Odysseus heißt deshalb ihr Kind.

Er strandete im Paradies.
Man bat ihn nicht, in diesem Glück
zu bleiben, schickte ihn zurück,
heim in den Krieg nach Tripolis.

Apropos Zahnarztbesuch

„Knoblauch am Abend davor? Unerhört!
Das geht überhaupt nicht! Unterlassen!"
Ich kann nur sagen: Mein Zahnarzt stört
sich daran nicht. Er isst trotzdem. In Massen!

Teilzeit

Komm und lass uns teilen,
was man nicht kaufen kann.
Kein Warten, kein Beeilen,
kein Damals und kein Dann,

kein Krieg und auch kein Frieden,
kein Wollen und kein Müssen
kein Hassen und kein Lieben,
kein Beißen und kein Küssen

kein Bitten, kein Vergeben,
kein Zweifeln und kein Glauben,
kein Sterben und kein Leben
Kein Schenken und kein Rauben,

Kein Einmalig, kein latent:
Zwischen Glück und Schmerzen,
Teile mit mir den Moment
Gänsehaut im Herzen.

Neujahrswünsche

Mein Neujahrswunsch ist schnell zu schreiben:
Ich wünsche mir, gesund zu bleiben.
Ein Wunsch, bescheiden, voller Klarheit
und ganz sicher nicht die Wahrheit.

Der käme ich wohl deutlich näher,
wenn ich schriebe: „Ich will mehr!"
Nur wäre das sehr ausverschämt
so habe ich die Hand bezähmt,

die schreiben will: „Ich wünsch mir alles".
Im Grunde tu ich das sogar.
Denn, gesetzt den Fall des Falles,
mein Gesundheitswunsch wird wahr,

erleidet das, was mir erspart
bleibt ein anderer. Das ist hart
aber leider unvermeidlich.
Denn geschieht zur gleichen Zeit nicht

stets gleich viel? Statistisch schon.
Fromm und bescheiden? Ach, ein Hohn!
Mein blöder Wunsch, so sieht es aus,
bringt andere ins Krankenhaus.

Das will ich nicht! Soviel ist klar.
Ist die Hinterlist des Falles
denn überhaupt nicht änderbar?
Wer das ändert, ändert alles.

Schluss mit der Verlogenheit
bescheidener Wünsche! Kommt die Zeit
böllerbunten Januarlichts,
wünsch Dir Alles! Oder gar nichts!

Und Überhaupt (Schnipsel)

Nee, war schon schön,
dass Du mir kamst, Gedanke.
Hab jetzt genug gesehen,
kannst wieder gehen.
Danke.

Heilige Vierfältigkeit

Wo Glaubende wissen und Wissende glauben,
hat nur der Wille noch Macht.

Macht will an Wissen glauben
und uns glauben machen.
Glaube weiß um den Willen der Macht,
Wissen glaubt der Macht des Willens.

Macht ist der Wille, an Wissen zu glauben,
Wissen die Macht, glauben zu wollen.
Glaube ist der Wille, das Mächtige zu wissen,
Willen ist das Wissen um die Macht des Glaubens

Macht ist nicht Wissen.
Macht ist nicht Glauben.
Macht ist nur Wollen.
Der Wille ist Macht.
Macht zu glauben.
Macht zu wissen.

Aberglaube?

Ein Frosch,
der sich vermehren will,
tut gut daran
den Klapperstorch
in bisschen ernst zu nehmen.

Fallstudie

Endlich wieder festen Boden
unter meinen Füßen
sprach der Fallschirmspringer
und schlug auf.

Lub des Lubens

Einst durften wir fünf Worte haben
mit einem L. Vier sind geblieben:
wir können leben, loben, laben,
und, natürlich auch, uns lieben.

Nur das Fünfte irgendwie
stahlen scheinbar böse Buben:
Das Wort für innere Magie
oder, wie es wohl hieß: luben.

Keiner weiß, ob man uns dieses
Wort mit böser Absicht raubte.
Es verschwand vermutlich, hieß es,
weil kein Mensch mehr daran glaubte.

Man vergaß es mit den Jahren.
Uns blieben die anderen vier.
Zumindest die uns zu bewahren,
wird schwer genug sein, denk ich mir.

Lasst uns leben, lieben, laben
und uns loben, unverdorben.
Solang wir diese vier noch haben
ist Luben nicht so ganz gestorben.

Stimmt schon, aber ...

Wenn dann ein Spatz im Frühling ganz dreist
mir in die Tasse in der Hand scheißt,
wäre mir doch hin und wieder
die Taube auf dem Dach viel lieber.

Andererseits sagt mir ein Tadler:
„Stell Dir vor, Spatz wär ein Adler
der über Hand und Tasse sitzt.
Das hätte gespritzt!"

Frühspäte Vogelwürmer

Der frühe Vogel fängt den Wurm.
Er sitzt als Morgensänger
tirilierend auf dem Turm.

Sein Loblied an das Früherwachtsein
hört eine Maus und wendet sacht ein:
Der späte Wurm lebt länger

Oder:
Wer zu spät kommt,
den bestraft das Leben.
Wer zu früh kommt,
ist dann oft schon tot.

Ach Lust!

Ach Lust! Wilder Mix!
Als ob Liebe und Muss
plötzlich untrennbar wären
wie das Bett und sein Fluss.

Es ändert auch nix,
und es führt nur zu Frust,
sich standhaft zu wehren.
Lust ist viel zu robust,

kennt zehntausend Tricks
die angstvolle Brust
zum Tun zu bekehren.
Sie sagt: Liebe! Du musst!

Fugit!

Das Jahr verschwindet. Wo nur hin?
Es bricht einem das Herz.
Kaum ist man selber richtig drin
schneeglockenbimmelt schon der März;

das Sommerabendrot zinnobert,
Bäume schütteln Wipfel. Pfützen
wachsen, weil die Welt oktobert.
Weihnachtswichtelzipfelmützen

wackeln wieder in den Städten.
Wo ist nur das Jahr geblieben?
Kalender platzen aus den Nähten,
mit Terminen vollgeschrieben,

wenn ganz Wichtiges geschieht,
das man, weil man, wenn man..Pflicht!
Und das Jahr? Das Jahr? Das sieht
man vor lauter Tagen nicht.

Kein Wunder, dass es, ignoriert
von uns, den täglich Unbedachten,
einfach abhaut. Das passiert
mit Dingen, die wir nicht beachten.

Wunschtrost

Rumheulen
kann jeder.
Whiskyheulen
das wär mal ne Kunst!

Charlie Hebdo

In christlichen Schmieden bauen sie täglich
Waffen, mit denen sie Charlie erschossen
und ihre Läufe haben womöglich
Juden am Rande der Negev gegossen.
Patronenhülsen: Vielleicht hat die Dinger
ein Hindukind ja von Hand poliert.
Vielleicht war in den Abzugfinger
„Allahu Akbar" eintätowiert

Verschiedene Glauben, gleiche Verstöße
gegen den Lebensschutz, den sie gebieten.
Verschiedene Rufe nach Gottesgröße,
verschiedene Sprachen, verschiedene Riten,
verschieden der Anteil, wie viel wer bereut und
Verschieden die Tränen im Abendrot.
Das alles hat letztlich keine Bedeutung
Für Charlie Hebdo. Denn Charlie ist tot.

Solang ein Verwirrter, egal welchen Glaubens
zur Waffe greift, um uns zu töten,
ängstlich zu machen, Lachen zu rauben,
ist deutlich mehr Bemühen vonnöten,
als nur ihn zu jagen. Das findet nicht statt!
Bau und Handel von Waffen zu ächten, hätt so
was nicht Potential für den wahren Dshihad?
Das wär von Bedeutung für Charlie Hebdo!

Erkenntnis Nummer 903

Der allerschönste Sommertag
macht einen Durchfall auch nicht netter.
Trotz Sonnenschein und Dreißig Grad
fühlt man überall „Scheißwetter!"

Oder etwa nicht?

Die Alten lieben Helden schlicht
aus einem Grund: Sie sterben zeitig.
Sie machen ihnen deshalb nicht
den Platz im Ältestenrat streitig.

Ein Platz in diesem Rat der Alten
ist begehrt, weil äußerst selten.
Einen solchen Platz erhalten
meist Bürokraten, selten Helden.

Was ist es nun, das sie uns zu sagen
an Regeln, Tipps, Ideen, Verboten,
sie, die nicht zu sterben wagen?
Das Loblied auf den Mut der Toten.

Verkaterter Neujahrsgruß

Ob dies Jahr alles besser wird?
Wer wollte das behaupten?
Wohl nur Menschen, die verwirrt
an etwas Gutes glaubten.

Im neuen Jahr verändern
sich nichts als Jahreszahlen
in unseren Kalendern.
Das ist kein Grund zu prahlen.

Man wünscht alles Glück der Welt
dem Nächsten, als ob's Pflicht wär.
Wenn ihm ALLES Glück zufällt
bleibt für die andern nichts mehr.

Arme bleiben, von Armeen
umstellt, in Armut liegen.
bis eines Tages aus Versehen
die Krieger Kriege kriegen.

Die Schützen schießen weiter
(zum Schutz, wie sie erklären).
Gewehre dafür, leider,
die werden wir gewähren

Von ihren Reichen reichen
die Reichen kleine Fotos
auf Galas fremden Scheichen.
Kleinkunst bleibt weiter brotlos.

Das Wetter wird wohl künftig
auch unbeständig bleiben.
Die Welt bleibt unvernünftig.
Die Spinner werden schreiben,

dass Frieden möglich sein muss
(Und ich bin davon einer).
Nur dies Jahr ist noch kein Schluss
auf Erden. Nicht auf meiner.

Das Beste an dem neuen Jahr?
Nach trunkenem Theater
ist wohl ein erster Januar
ganz ohne Neujahrskater.

Selbst dieser Wunsch, ihr Lieben
ist unerfüllt geblieben!

Glück ist

Glück ist dumm und gar nicht tüchtig
Nicht mal deutsch versteht es richtig.
Kaum sagt man: „Bleib noch ein Stück"
rennt es schon fort. Echt: Blödes Glück!

Darß - Weststrand

Das ist der Strand,
an den die Zeit sich setzt,
nicht mehr dannt und wannt
nur noch hiert und jetzt`t.

Das ist das Meer,
in dem das Zwielicht schwimmt
nicht licht- noch schattenschwer
Schein auf Sein gedimmt.

Hier liegt ein Ast
tot angeschwemmt, verdorrt.
Hier, zwischen schon und fast
ist er ein Ort.

Er ist der Ort,
wo es kein Dir und mir
mehr gibt, kein da und dort:
nur hier und wir.

Parkbankmonolog

Das Jahr ist neu. So viel ist klar.
Es steht in den Kalendern:
Wir haben wieder Januar.
Und was so war im alte Jahr,
ist jetzt nicht mehr zu ändern.

Die Welt ist rund und an den Polen
abgeflacht, wenn auch diskret.
Wir taumeln: Ich auf Trinkersohlen;
sie läuft auch nicht rund. Verstohlen
schau ich zum Mond, der nach mir späht.

Voll macht er schlaflos, selbst versteckt
in schwarzem Wolkenweltdunst.
Als Sichelmond ist er suspekt.
Viele fürchten dann, er heckt
was aus und überfällt uns.

Das Jahr ist neu. Die Erde nicht.
Sie glüht. Was wird passieren?
Der Mond schmückt sich mit fremdem Licht.
Auch wenn es durch die Wolken bricht
schützt das nicht vorm Erfrieren.

Morgen danach (Sebastian)

Gestern hingen hier noch Blumen.
Jemand hat sie abgebunden.
Gestern lagen hier noch Krumen.
Jede Spur ist heut verschwunden.

Eisern kehrten Besen gründlich
alles fort, selbst noch die Schatten.
Eisig bläst ein Wind. Wo find ich
das Fest, das wir gestern hatten?

Fest von meiner Faust umschlossen
ruht die Saat, die wir oft ansehen
doch nie pflanzten, nie begossen.
Ruhe Handy! Sollt' ich rangehen?

Trunkenes Freitagsmantra eines Frischgetrennten
(Zur Aufmunterung gedacht, zum Scheitern verurteilt)

Soll ich heute Zellen zählen
und geheime Quellen quälen
Pferde aus den Ställen stehlen
und damit im Hellen hehlen?

Soll ich heut in stillen Stollen
murmelnd durch die Rillen rollen,
einen fremden Willen wollen
oder chillen wie die Schollen?

Soll ich Fleisch auf Broten braten
oder mit Kommodenmaden
alte Anekdotendaten
aus der Zeit der Roten raten?

Fotos ihrer Lippen lieben,
die mir zart mit Hippenhieben
Kummer in die Rippen rieben?
Heulend Koks auf Schippen schieben?

Playboy lesen? Hasen hassen?
Träumen, ich könnt blasen lassen?
Oder mit der Nasen nassen
Basen in die Vasen fassen?

Soll ich heut auf fetten Feten
für Glück in den Betten beten?
Zahl' n dafür in Lettenläden?
Oder, statt zu jetten, jeden

Wohnungsschrott verschroten
und ihn dann auf Boddenbooten
opfern einem Gott der Goten?
Selbst auf dem „Fagott" „fagotten"?

Still steht die Zeit, die sie nicht stiehlt.
Verdorrt wie Dill, den keiner dealt.
Mit zwei Promille, leicht verschielt
sitzt Dr. phil. Schon bald empfiehlt

er sich. Und steht vor Gram ganz krumm
leicht schwankend auf, fällt am Tisch um.
Ein Furz, der etwas Darmpamp pumpt
und von Bierhefe stammt verstummt.

Freitagabend, denkt er leise
ist echt die letzte Ungereimtheit.

Durchreise

Lange nicht mehr hier gewesen.
Heute kurz vorbeigeschaut
reingerochen, reingelesen.
Alles ist noch so vertraut
wie beim Fortgehen irgendwann
ohne Tränen und Goodbye:
so viel Starres starrt mich an,
so viel frühverstummter Schrei
so viel aufgestaute Liebe
so viel kalte Sympathie
so viele fiese Seitenhiebe
so viel Schönheit. Ja, auch die.

So viel Klang in so viel Leere.
so viel Glaube ohne Christus,
so viel pubertäre Schwere,
so viel alter Fatalismus,
so viel Leid in so viel Lachen,
so viel Mit-sich-selber-hadern,
so viel falsches Lachenmachen
so viel Sucht in so viel Adern
so viel Poesie und Treues,
so viel achtloses Vertreiben.
Alles da. Alles nichts Neues.
Und kein neuer Grund zu bleiben.

Unbesiegbar

Ich liebe Niemanden und Nichts.
Ich hasse Nichts und Keinen.
Unbesiegbar, angesichts
des Lebens, geh ich meinen

Weg, ich bin ein Krieger
für niemanden als mich
Verlierer nicht, noch Sieger
ist einzig meine Pflicht

den Nimbus zu bewahren
der Unbesiegbarkeit.
Wo andere schon waren
zu einer anderen Zeit.

Ich kämpfe gegen keinen
nur gegen mich tagtäglich
und halt mein Herz im Reinen.
Naja, so gut wie möglich.

Bordellbesitzer Wunder wandert in den Knast

Wenn Winter Wunder wandern wird,
werden Wirte werte Worte warten und
ein Mädchen gibt am Tresen unbeirrt,
dass ihr Kind noch Kant kennt, kund,

Dann werden, die das Lebenlieben loben,
laben sich in lupenreinen Lauben,
wo jetzt noch, die wir weinend wähnen, wohnen.
Frei von Hieben heben sie die Hauben

all die hehren Huren, die behaarten,
die die Hirten Herden horten hörten,
während sie der harten Horden harrten,
die das Sternenstarren ihrer Stirnen störten.

Aus kleinsten Siegen Segen saugend, sagen
Sie: Auf Laken liegend Locken lecken?
Die perfiden fetten Pfoten all der faden
überhitzen Böcke an Backen und Becken?

noch länger dulden? No! Nein! Nun naht
von Freiern freies frohes Frieren,
wenn Winter Wunder wandert. Fragt
nicht wann: Noch lässt er sich chauffieren!

(PS: Winter ist nicht sein richtiger Vorname)

Zieh ein in mein Herz

Zieh ein in mein Herz,
Verstand, wenn Du kannst!
Behauptest Du nicht:
„Es gibt immer Wege,
muss welche geben"?
Komm, zeig sie mir, ganz
gleich, wie sie aussehen,
Du schlauer Kollege!

Zieh ein in mein Herz,
Verstand, wenn Du magst!
Reiße an seinen
Narben Dir Wunden
und reiße sie auf,
wenn Du weise sagst,
„Kein Herz, hat je mehr
als Wunden gefunden."

Zieh ein in mein Herz,
wenn Du Dich traust,
Verstand! Es ist finster
darin und ganz blutig,
voll dumpfer Geräusche,
vor denen Dir graust,
voll rauschender Ströme.
Verstand: Bist Du mutig?

Zieh ein in mein Herz.
Es schlägt. Und es schlägt Dich
mit deinen durchdachten,
logischen Fragen.
Zieh ein in mein Herz,
Verstand! Es erträgt Dich
viel mehr als Du es
je wagst zu ertragen.

Gefangenes Glück

Es geht nicht mehr vorwärts, nicht mehr zurück
Gefangen im Nirgendwo wartet ein Glück
auf den, der es findet, auf den, der es nimmt
auch wenn nicht mehr allzu viel Zuversicht glimmt.

Es gibt kein zurück mehr und auch kein nach vorn,
für Glück das gefangen ist. Und es wird Zorn,
Zorn auf den einen, der doch niemals kam
es niemals fand und es nie mit sich nahm.

Wo war dieser eine? Gefangen im Zorn
ahnte er nichts von zurück und nach vorn,
hatte ein Irgendwo nirgends im Blick
fand Zuversicht nicht, noch fand er Glück.

Post aus der Sommerfrische

Die Hummel fliegt vom Hammel in den Himmel.
Über einem Schneck

ziehen Bienen Bahnen durch die Bohnen
saugen Blütenspeck.

Dünn dehnen Dühnen sich und dienen
Pärchen als Versteck.

Ich send Sand vom Sund per Brief
Dir an Deinen Fleck.

Die Habe Nichte

Ich habe nichts mehr abzugeben.
Kein Geld. Kein Lächeln. Keine Liebe.
Ich habe nichts mehr. An mir kleben
deine Finger. Lebensdiebe!

Ich habe nichts, nur noch ein schiefes
Lächeln, das nach Ende strebt
Du glaubst, man tut was Produktives
wenn man mir eine Grube gräbt?

Ich habe nichts gelernt. Nur dies:
Es geht um nichts, wenn`s dir nicht nützt.
Fühle ich mich deshalb mies?
Weil ich nichts hab? Du liegestützt

und stöhnst auf mir. Der Lattenrost
schreit auf, als eine Strebe bricht.
Ein rotes Licht bescheint von Ost
mich Habenichts. Dich Gebenicht.

Prost Weihnacht

Der Schnee von gestern
ach, der war viel weißer.
Der Tee von gestern
viel süßer und heißer,
die Lichter von gestern,
viel heller ihr Scheinen,
die Dichter von gestern
konnten noch reimen,
die Feste von gestern,
so fröhlich, so heiter
die Gäste von gestern …
und so weiter, und so weiter…

Wie wahr, liebe Leute.
Doch kein Grund zu lästern.
Auch das Hier und Heute
ist Morgen schon Gestern
und dann so viel weißer
und süßer, geleckter,
gereimter und heißer
und so viel perfekter
als jetzt, im Gestöhne,
wenn uns Stress high macht:
Prost! Auf eine schöne
heutgestrige Weihnacht.

Johann Pachelbel, Kanon D-Dur

Schau vorwärts, nicht zurück.
Da Hinten wächst kein Glück,
nur Gras auf altem Zorn.
Glück kommt stets von vorn.

Sonnenuntergang

Noch so ein Abend an der See,
die rote Sonne Meeresbeute,
schon mehr Erinnerung in Spe
als noch ein erlebtes Heute,

mehr Reflexion als eigenes Licht,
mehr Dämmerung als Farbenspiel;
die Gischt, die grau ans Ufer bricht,
weiß von Farben nicht sehr viel.

Dann war Sonne ganz ertrunken.
Wir taten nichts, um sie zu retten.
Du hast noch hinterher gewunken.
Und wir gingen in weiße Betten.

Mittwoch, 14. Januar

Zwölf Grad und Sonnenschein. Ich kann
den Frühling beinah riechen.
Der Winter strengt sich nicht sehr an,
er scheint sich zu verkriechen

vor all den braunen, sommertollen
Menschen, die ihn weder lieben
noch im Leben haben wollen.
Da ist er wohl zu Haus geblieben,

sitzt schmollend in der Ecke, frisst
Kohl in sich rein und flatuliert.
Dass er nicht mehr willkommen ist:
Wen wundert's, dass es ihn frustriert?

Was nun,

lieber Selbstmordattentäter?
Wird dich der Anblick umhauen?
Da hinten winkt, wie vom Vorbeter,
gesagt, die Schar der Jungfrauen,

umhüllt von schwarzen Tüchern:
Zweiundsiebzig alte Nonnen.
Das stand nicht in den Büchern,
vom „In-den-Himmel-kommen".

Lohnt es wirklich, dafür ei-
nen Bombengurt zu binden?
Der Himmel kann die Hölle sein,
wenn wir den falschen finden.

Den eignen zu entdecken, dächt' ich,
wär klüger, wenn nicht: Unser Los.
Was weiß denn ich? Gott ist allmächtig,
Oder, wie du es ausdrückst: Groß.

Die Suche nach der Eingangstür
ist anstrengend. Sie dauert auch.
Sehr viel Klügere haben dafür
bis ins hohe Alter gebraucht.

Sonntagmorgen

Sonntagmorgen um halb zehn.
Alle Kirchenglocken läuten,
wollen Kirchenleute locken.
Und in trockenen Socken hocken
längst die bußbereiten Meuten,
auf dem Sprung, um loszugehen,

los zu beten, los zu singen,
Sonntagmorgen, neun Uhr dreißig,
fremdes Los laut zu beklagen,
dass sie lautlos sonst ertragen,
und im Geiste, ach was weiß ich
wie viel Opfer darzubringen.

„Dem Herren gebet sein Gebet!"
Sie folgen diesem Aufruf sehr,
wenn um halb zehn, Sonntagmorgen,
sie sich fremde Sorgen borgen,
„Vergib uns Herr…Herr, gib uns mehr,
vom Frieden!" Weil es darum geht.

Erneut wird Gaza bombardiert,
In Haifa sichtet man Raketen.
Ebolakranke winden im Schweiß sich,
Sonntagmorgen, neun Uhr dreißig,
zwangskonvertierte Mädchen beten
dass man sie ihren Entführern entführt.

Amerika wirft Granaten und Essen
in den Irak; Dschihadtruppen stehn
bereit zur Erschießung aller Jesiden.
Alle tun alles für Glauben und Frieden
Sonntagmorgen um halb zehn,
und in Donezk kollidieren Interessen.

Die Glocken läuten die Leute retour,
geläutert zu ihren kleinen Geschichten.
Sie haben gebetet. Das reicht, oder was?
Und ich? Ich tue ja nicht einmal das;
sitze hier und versuche zu dichten,
Sonntagmorgen, halb zehn Uhr.

Erkenntnis?

Die Wahrheit
ist auch nur
ein Fehler
den wir wegen
fehlerhafter
Wahrnehmung
für wahr nehmen,
und aus dem
zu lernen
wir uns
weigern.

Um aus Fehlern
lernen zu können
muss man gelernt haben,
sie zu erkennen.

Ein kleiner Fehler

Einen kleinen Fehler quälte,
dass er scheinbar keinem fehlte.
Niemand suchte oder fand ihn
niemand fluchte und verstand ihn

niemand wollte korrigieren,
Fehlerdiskussionen führen;
niemand wollte ihn verreißen
nicht sein Gegenteil beweisen,

ihn verbessern, ihn entfernen
und schon gar nichts aus ihm lernen
Die Welt nahm ihn gar nicht wahr.
er war ihr schlicht zu unscheinbar.

Sind Renner Renner, weil sie rennen,
Nenner Nenner, weil sie nennen,
Zähler Zähler. weil sie zählen,
sind Fehler Fehler weil sie fehlen,

dachte sich nun unser kleiner.
„Ein Fehler der nicht fehlt ist keiner",
erkannt er in großer Klarheit
und präsentierte sich als Wahrheit

der Welt, die ihn nun tatsächlich
wahrnahm. Seitdem lebt er prächtig
als missverstandener mopsfideler
für wahr genommener kleiner Fehler.

Moral:
Manch Erfolg, den man so nennt ist
nichts als falsche Selbsterkenntnis.
Was wir als Wahrheiten erzählen,
sind oft nur Fehler, die uns fehlen.

Entenpaar im Februar

Ein bunter Herr. Ne unscheinbare Kleine
wackelt voran, er watschelt hinterher,
wie durch eine nicht sichtbare Leine
verbunden. Vorne Sie, dahinter er.

Er ist der Stattliche, der Schöne. Der Aparte.
Sie hat einen Hintern, den sie schwenkt.
Er ist der Kräftige, der Mutige, der Harte,
der sie gewann. Jetzt folgt er ihr. Sie lenkt.

Das zu erklären, finde ich kein Kürzel,
als dies: Ihr Arsch hypnotisiert.
Oder lässt das Starren auf den Bürzel
ihn glauben, dass er sie kontrolliert,

damit nur ja kein anderer federbunter
Kerl sie bespringt? Ist das sein Lebenssinn?
Sie ließ ihn rauf: Nun kommt er nicht mehr runter.
Er folgt ihr. Und der Arsch bestimmt, wohin.

Das ist kein Gleichnis, auch wenn es so klang:
Ein Entenpärchen nur, das überwintert,
dem wir egal sind, jedenfalls solang,
keiner ihn am Laufen hinterm Hintern hindert.

Tresenliebeslyrik

Da war dieses Mädchen. Ich stellte mir vor,
ihr Name wäre Traurigkeit.
Nur ein Gedanke ohne ein Ziel,
ohne ein Dann...

Dann kam dieses Mädchen und blies mir ins Ohr,
sie wäre eine Braut der Zeit,
und ihre Tränen ein Glasperlenspiel,
irgendwann dann ...

Ich sah ihre Perlen und stellte mir vor,
ihr Fließen wäre Zärtlichkeit.
weiche, warme, sanfte Troste
und Erlösung. Dann...

dann fielen die Perlen und rollten zum Tor
und in die Gegenwärtigkeit
aus müdem, hilflosem Geproste
und freudfernem „Na dann..!"

Ich sah dieses Mädchen. Ich stellte mir vor,
sie wäre meine Traurigkeit,
meine Erlösung, erschienen für mich
für mein nächstes Dann...

… verfiel ich dem Mädchen, mein Kummer gefror
an ihrer Unverbindlichkeit,
der mir über den Nacken strich.
Ohne jedes Dann…

Adventskalender

Manchmal wünschen wir so sehr,
dass da eine Lücke wär,
in der wir eine Rolle spielen
zwischen den unendlich vielen
Fragen ernster Wichtigkeit:
Für unsere Wünsche ein Fensterchen Zeit

zwischen kalten Frieden und heißen Kriegen,
zwischen Epidemien und Hungerbesiegen,
zwischen ersten, zweiten und dritten Welten
Klimaerwärmung und sozialen Kälten
Zwischen Marktmacht und Rentenkompromissen
Haben und Halten, Dürfen und Müssen,

zwischen den Pflichten, gewählt und erzwungen,
zwischen Berichten, gequält und gelungen,
Gestern und Morgen, Füchsen und Trauben,
Bequemsein, Sichsorgen, Zweifeln und Glauben
zwischen Gefühlen, Gefallen und Verletzen
zwischen den Stühlen, die wir nie besetzen

und zwischen denen wir andauernd stehen;
ein Plätzchen, an dem uns die anderen sehen
wenn wir, mal traurig, mal lachend verweilen,
die eigene Minute, die sie mit uns teilen.
Advent lässt uns darauf einwenig hoffen.
Ein Türchen mehr, zumindest, ist jetzt offen…

Adventsgebäck

Lass uns die Wahrheit sagen, Schätzchen:
Ganz offen, ehrlich und
ungeschminkt: Die Weihnachtsplätzchen
sind, weiß Gott, ungesund!

Gemacht aus Zuckern und aus Fetten,
als ob Plätzchenbäcker
den Wunsch, uns umzubringen, hätten.
Doch, oh Gott: Wie lecker!

Wie sie zerbröseln, schmelzen, stille
sich schmiegen an die Gaumen.
Mit Konfitüren, Zimt, Vanille
und, Gott ja, auch Pflaumen

und Beeren fluten sie die Kehlen.
Von dort gehn sie ins Blut
und auf die Hüften. Doch den Seelen
Gottlob, tun sie gut, so gut!

Wer sich auf den Advent beschränkt,
wird davon gar nicht krank
sondern mit Genuss beschenkt.
Und dafür: Gott, sei Dank!

Bastelanleitung für Glück

Man nehme sich ein bisschen Zeit
und ziehe sie so richtig breit
und lang und zwar mit aller Kraft
bis man's nicht mehr weiter schafft.
Am Besten geht so was zu zweit.
Ist die Zeit dann richtig groß
und nicht mehr haltbar, lässt man los
Wenn sie aus dem Fenster schwirrt
und dabei wieder kleiner wird,
so klein, dass man sie bald bloß
noch ahnen kann: Das nennt man Glück.
Nur leider kommt es nie zurück.
Da hilft kein Zetern oder Fluchen
da hilft nur, neue Zeit zu suchen.
Wenigstens ein kleines Stück.

Mancher glaubt, es wäre schlauer
er baute eine hohe Mauer,
weil das Glück dann nie verflöge.
Doch eingepferchtes Glück wird öde
und eines Morgens ist es Trauer.

Die Wahrheit ist: Ein Glück ist Zeit
bis zum Rand der Dehnbarkeit
vergrößert und dann losgelassen.
Und wer vergisst, mit anzufassen
der ist, ganz ehrlich: Nicht gescheit!

Märchen

Ich traf eine jener stillen
wohlmeinenden guten Feen,
die dir einen Wunsch erfüllen.
Ich sagte Ihr, ich hätte zehn.

Sie sprach, ich müsste mich beschränken,
auf einen Wunsch. Doch das ist schwer.
So schwer, dass diesen Wunsch zu denken,
allein schon ein Wunsch von mir wär.

Sie sagte: Top, die Wette gilt
und schwang ihr Zauberstäbchen:
Dein Wunsch nach Wunsch sei dir erfüllt.
Und dann verschwand das Mädchen

mit sich zufrieden, wie mir schien.
Ich blieb vertrottelt stehen:
Mein einer Wunsch, jetzt kannt' ich ihn.
Nur Feen waren keine mehr zu sehen.

Der Wunsch jedoch, den ich zuvor
nicht kannte, nagte jetzt an mir,
saß wie ein Geist in meinem Ohr
und rief wünschwünschwünschwünsch es dir.

Sie tun, als wären sie die netten.
Doch dann verscheißern sie uns schlicht.
Dass wir einen Wunsch nur hätten,
das wünschen Feen sich. Wir nicht!

Sollt ich ne Fee je wieder sehn,
die meint, Erfüllerin zu sein,
dann bleib ich lieber bei den zehn.
Oder, sage: Danke, nein.

Elfen und Elfen

Ein Elf, der eine Elf sah, fand
sie nicht besonders attraktiv
zu kantig, dünn, kaum interessant
und die Kinnpartie zu schief

Er hat sich nie mit ihr vereint,
sie nicht einmal umworben.
Das Elfenvolk ist, wie mir scheint
wohl deshalb ausgestorben.

Die Elf nur kann man heut noch sehn.
Sie liegt beim flotten Dreier
kuschelnd zwischen zwölf und zehn
Versautes Ding! Auweia!

Wahlsonntag

Ein Blauwal kam ins Wahllokal
und merkte mit Erschrecken:
Das Wahllokal, es war total
leer. Für ihn stand keine Wal
zur Wahl, nichts zu entdecken.

Weil's keine Wal gab, wählte er
im Wahllokal verdrossen,
sofort zu gehen. Hoffte auf mehr
Walbeteiligung im Meer
und verschwand auf feuchten Flossen.

Blauwale wurden seitdem
im Wahllokal nie mehr gesehen.

Weihnachten?

Weihnachten ist etwa so
wie dein Alltag im Büro.
Du hast besorgt und präpariert,
gekauft, verpackt, perfekt platziert
Hast alles getan und alles gemacht,
dass es so gut wird, wie es nur könnte:
Und der dicke Kerl, der nur rumsteht und lacht
der kriegt am Ende die Komplimente.
Dazu gibt's Plätzchen und Milch für den Alten!
Das ist nicht fair.
Na ja, aber er
kann, wenn er will, die Milch gern behalten.

Wirklich wahr!

Glaubt hier wer an Weihnachtswunder?
Ich tu das, und es ist gesunder
Menschenverstand, der mich trieb,
zu sagen, dass es so was gibt.

Angesichts der Menschenmengen,
die sich schieben, puffen, drängen,
in Geschäften, Buden, Läden,
schubsen, knuffen, und sich treten,

stauchen Handgelenke, Rippen,
platzen Augenbrauen, Lippen.
Was vorm Fest noch ein gesunder
Körper war, ist Weihnachts wunder.

Schafgeschichte

Im alten Sparta gab man Schafen;
wenigstens den kleinen braven,
Kurznamen vom Alphabet, da
war Lamm Alpha, war Lamm Beta

Lamm Delta wand sich stets ein bisschen
Lamm Phi verteilte tierisch Küsschen
Lamm E(A)p(p)-silon war Spielnatur
Lamm Rho fraß Fressen immer pur,

Lamm Gamma strahlte alle an, da
leuchtete auch das Lamm Lambda.
Nur eines war nicht wohl gelitten
weil es so anders war, inmitten

der weißen Lämmer. Silbersträhnen
im Fell, war es keines von denen
die man krault hinter den Ohren.
Nein. Es wurde stets geschoren.

Sie schnitten seine Silbertolle,
sie hängten seine Silberwolle
in Weihnachtstannenbäume später
Das war die Strafe, weil Lamm Eta

so aussah wie die andern nicht.
Und die Moral von der Geschicht?
Wer anders ist. Wer anders lebt,
nach Anderem als Andre strebt,

wird dafür, öfter als man denkt
zur Strafe in den Baum gehängt,
wobei das Publikum verzückt
behauptet: „Das Gehängte schmückt."

Und während es im Schlammschnee zusah,
wie Silberwolle weht im Wind
verzog das Lamm nach Lampedusa.
Und wenn sie nicht gestorben sind …

Vorwarnung: Betrifft Nachfest

Die Wirtschaftsweisen warnen schon,
vor Dingen, die demnächst geschehen:
Uns dräut Geschenkerezession.
Sie können längst ganz deutlich sehen

wie Lamettaproduzenten
sich mit Auftragseinbruch quälen.
Nordmanntannenfäller könnten,
viel mehr fällen, doch Kunden fehlen.

Holzfigurenschnitzer sitzen
auf den Agenturenfluren
ritzen Kreuze statt zu schnitzen
keiner kauft mehr Holzfiguren.

Kerzenmarkt wird nicht mehr wachsen
Glühweinmarkt wird nicht mehr glühn
(allenfalls vielleicht in Sachsen
weil Pegi`s da durchs Kalte ziehn).

Wir brauchen, rufen manche clever,
ein Weihnachtsmärkteschutzgesetz
und fordern den: „Advent for ever"
dem deutschen Markte nutze es.

Auch die Pegidas fern in Sachsen
fordern: „Jesus, soll dahäm
bleiben, wo er aufgewachsen
ist, im Stall von Bethlehem!"

Und eines Tages unterschreiben
sie eine Petition. „Wir finden:
Der Advent darf immer bleiben
Aber Jesus muss verschwinden!"

Teilzeitholle

Wir haben das Eintrittsalter erhöht
und konnten doch nicht verhindern,
dass jetzt Frau Holle in Rente geht.
Sie hat keine Lust mehr zu schindern.

Es wär zu verstehen und ihr zu gönnen.
wäre da nicht das Nachwuchsproblem:
Ihren Job scheint niemand zu können.
Wir kriegen Schnee nicht mehr zu sehn.

Die letzte Azubi war schlecht,
und faul, nur eifrig beim Beschweren.
Schnee gab's bei ihr nicht. Marie Pech
taugt allenfalls zum Straßen teeren.

Und was ist mit der Goldmarie?
Die kaufte, wegen Klimawandel,
ein Werk der Freizeitindustrie
wo sie jetzt mit Kunstschnee handelt.

Frau Holle kriegt nur Mindestrente
Und es ist für uns fabelhaft,
dass sie davon nicht leben könnte,
und deshalb noch in Teilzeit „schafft".

Nur: löst das unser Hauptproblem
gar nicht: Es gilt aufzurütteln:
Mütter, seht das Phänomen!
Lehrt Eure Töchter Kissenschütteln!

PS: Jungs sind zu ungeduldig,
schütteln viel zu wild, die Doofen.
Sie, vermute ich, sind schuldig
an den Schneesturmkatastrophen.

Christkindlogik

Nach dem Weihnachtswunsch befragt
vom Vater, sprach das Mädchen artig:
„Och, weißt Du: Eigentlich erwart ich
nur, was das Christkind bringen mag.

Der Vater, sah sie an. Er strich
ihr lächelnd übers Engelshaar:
„Schatz du weißt doch schon, nicht wahr,
die Geschenke kaufe … ich."

Sie sprach: „Ja das ist wahr. Und lieb.
Was treibt dich? Ganz genau: Dass es
in ein paar Tagen dieses Fest
zu Ehren jenes Christkinds gibt!

Wenn also auch in diesem Jahr
am Weihnachtsabend die Geschenke
für mich abgelegt sind denke
ich, dass es das Christkind war."

Der Vater seufzte, konnte sich
der Logik aber nicht verschließen.
Und so beendete er diesen
Disput: „Ach Du, ich liebe Dich!"

Das Mädchen drückte einen Kuss
ihm auf die Wange. Und dann trollte
es sich, weil es spielen wollte
und Pap`s ja noch was kaufen muss.

Namensgebung

Als er versuchte, vor dem Fest
Rotkohl einmal selbst zu kochen,
gelang ihm dies, Sie ahnen es,
überhaupt nicht. Noch nach Wochen

war die Luft voll mit bekannten
Düften nach verkohltem Kohl,
in den Topfboden gebrannten
Speiseresten. Was tat wohl

seine Frau? Naja sie lachte,
ihn erst an und dann wohl aus.
Und der Spruch, den sie dann machte
„Aber so sieht NIE KOHL AUS.."

gab den Namen, wie ich denke,
ihm, der seitdem vor dem Fest
durch die Welt reist, dort Geschenke
einkauft und SIE kochen lässt.

Wintersonnenwende

Ab heute gehen die Tage wieder
weg vom Dunklen, hin zum Licht.
Zwar singt man dafür keine Lieder
und zunächst spürt man`s auch nicht.

Dennoch ist es jetzt geschehen.
Die Nacht wird, einfach weil sie muss
ab heute täglich früher gehen.
Darauf einen Punsch mit Schuss!

Weihnachtsmärchen

Ein Wittchen und ein Weißchen,
suchten nach dem Schnee,
schon ihrer Namen wegen
die sie zu tragen pflegen.
Haben sie gefunden? Nee.

So stöberten die Schwestern
das reinste Schneegestöber,
doch Schnee blieb Schnee von gestern.
Manchmal ein Raureifrest, fern,
und dünn, ein rauer, öder.

Sie mussten wohl verbittern
und schließlich akzeptieren:
Kein Schnee ist mehr zu wittern.
Naja, und auch von Rittern
war nicht mehr viel zu spüren.

Schneeweißchen und Schneewittchen
warn Schönheiten, Prinzessen.
Doch ohne Schnee vorm Hüttchen?
Zwei alt gewordene Flittchen,
grau, von der Welt vergessen.

Ach Weihnachtsmann, Du Lieber,
schenk Schnee dem alten Pärchen.
Geht dann noch hin und wieder
ein Prinz ihnen ans Mieder:
Das wär doch mal ein Märchen.

Letzter Abschied

Grauer Morgen schlüpft durchs Fenster,
kommt, die Träume zu vertreiben
und die Hoffnungswunschgespenster.
Er will dich nicht liegen bleiben
lassen, wo dich Licht nie fände.
Noch wehrt dein Schlaf sich resolut.
Träum Deinen Traum noch zu ende.
Du lächelst. Ich denk, er ist gut.

Im Schrank welkt, was einst dein Kleid war.
Weil's außer Dir keiner trägt,
war das wohl ganz unvermeidbar.
Du hast deinen Kopf abgelegt
auf artig gefaltete Hände.
Mir fehlt zum Beten der Mut.
Träum Dein Gebet noch zu ende.
Du lächelst. Ich denk, es ist gut.

Der Tag kommt. Was soll, wird geschehen.
Ich weiß, Du hast das akzeptiert.
Nur ich werde weiter hier stehen:
ein Jemand, der hoffnungslos stiert
auf das leere Bett, ein Gelände
in dem sich ab dann nichts mehr tut.
Träum Deinen Traum noch zu ende.
Du lächelst. Ich denk, er ist gut.

Sprach der Hering zur Piratenpartei

Mit ungeheurer Vehemenz
beschwört ihr Schwarmintelligenz
und überseht bei dem Geschwätz:
Sie treibt den Hering in das Netz.

Sprach die Piratenpartei zum Hering

Auf gewisse Weise,
wenn man es so nimmt:
Scheiße,
ja, stimmt.

Sprach der Hering zur Piratenpartei

Da Euch nun die Erkenntnis kam:
Was ist die Konsequenz?

Sprach die Piratenpartei zum Hering

Das entscheidet unser Schwarm
mit Kollektivintelligenz.

Dann trafen sie sich wieder

Dann trafen sie sich wieder. Noch einmal
sahen sie sich an nach all den Jahren,
trugen im Gesicht und in den Haaren
die grauen Spuren ihrer Lebenswahl.

Sie hatten einmal miteinander Zeit
und das Gefühl, dass sie besonders wär.
Sie sorgten umeinander sich zu sehr
und wussten über sich zu sehr Bescheid

Um sich ewig zu ertragen. Oder doch? Wer weiß?
Einer ging dann unter fremdem Zwang.
Die blieben, redeten sich nächtelang
Erinnerungen glaubend die Gefühle heiß.

Sie waren einmal Freunde. Sie bemühten
sich um Vertrautheit, längst als Fremde.
Umarmten sich und hielten sich die Hände,
versuchten Anekdoten, Freundschaftsmythen.

Es lagen keine Gräben zwischen ihnen,
nur neue Falten und Verletzlichkeit
schlecht vernarbter Zweifel ferner Zeit,
die an den Jahren noch zu wachsen schienen.

Schließlich stand man beieinander, schaute
dem Zigarettenrauch und seinem Leben nach
und lächelte verkrampft und einer sprach,
dass er sich grad ne Ferienwohnung baute.

So trafen sie sich wieder und erkannten
dass nicht mal ihr Erinnern sich noch glich.
Sie hatten einmal Zeit. Schön sicherlich...
Und sie trennten sich mit süffisanten

Seitenhieben, so wie früher immer,
nur ohne Leichtigkeit und Hintersinn.
Keinen Freund zu treffen ist schon schlimm.
Gewesene zu treffen ist noch schlimmer.

Ostern

Ostern ist beinah wie Weihnacht
nur das man noch länger frei macht,
Eier statt der Kugeln aufhängt,
gute Wünsche nicht so aufdrängt
und sich nicht freut, dass es schneit.
Ganz anders, als zur Weihnachtszeit
will man Schnee nicht im Geringsten
und hofft auf sonnigere Pfingsten.

Ein Bild von sich machen

Ich selfe, also bin ich.
Alle müssen selfen
und sich, das wäre sinnig,
auch mal beim Selfen helfen
lassen. Selberselfern fehlt
das Bildmotiv oft. Was passiert?
Man sieht sich selbst, wie man gequält
ins Leere grinst. Un-motiviert.

Wenn keiner Selfen helfen will
weil alle selber selfen,
posierend zwischen still und schrill
wie zwischen Orks und Elfen,
fährt man die Selfieteleskop-
stange aus. Fast einen Meter
länger wächst, schätze ich grob
dadurch der Arm des Selfers. Jeder
wird mit dieser Selbstprothese
groß genug, sich zu erfassen
und dank Kamerakinese,
ins eigene Bild von sich zu passen.

Der Selferhelferausziehknüppel
verteidigt so, am Puls der Zeit,
das Grundrecht aller Seelenkrüppel
auf enge Selbstbezogenheit.

Ein gutes Stück Fotografie:
Man sagt, dass das wie Sex wär.
Dann ist wohl Selfie Onanie.
Vielleicht ist`s auch komplexer…

Um das noch weiter auszuführen
müsste ich das Selfen
zunächst wohl selber ausprobieren.
Kann mir mal jemand Selfen helfen….?

Unverhoffter Besuch

Na, alte Freundin, wieder hier
und kein Wetter zum Draußen sein?
Ach, komm schon rein. Ich habe Wein
für Dich und später weinen wir.

Erzähl mir was von irgendwann,
als wir noch dachten, es gäb Licht.
Ich unterbreche dich auch nicht.
Kuschele dich ruhig an mich ran.

Wo das hinführt, wissen wir doch:
Im Bett werden wir verschlungen
liegen. Leergekeucht die Lungen.
Ich trinke ein letztes Bier noch,

schlafe schließlich ein, wie immer:
unruhig, schwer und ohne Traum.
Noch vorm ersten Morgengrauen
trotte ich zum Badezimmer,

getrieben vom Urin. Der Rachen
atmet schnarchvertrocknet kranken
Dampf, verfault, wie die Gedanken.
Unfroh zuckt im Bauch ein Lachen,

denn mir wird furchtbar übel sein.
Ich überwinde dich wohl nie,
geliebter Feind, Melancholie.
Ich hasse dich! Na, komm schon rein.

Apropos Hawaii und Bier

Es gibt Gerüche und Gerüchte.
Und an beiden ist was dran.
Freche Früchtchen, frische Früchte,
die man nicht genießen kann,
blinde Hühner, krumme Flinten
ohne Korn und überdies
den frühen Wurm, den Vögeln finden
die der Abend übrig ließ.

Es gibt kein Mett im Minarett,
mehr Mächte als man möchte.
Elisa mit und ohne Bett,
Gelinkte und Gerechte.
Es gibt Qualen ohne Wahl.
Es gibt Wale die wir quälen.
Erzählungen von Rübezahl,
Landwirte, die Rüben zählen

Es gibt Wagen, die sich wegen
Pfützen nicht auf Wege wagen,
Krankentragen, die die trägen
Träger nicht zum Kranken tragen,
alten Rost, den keiner liebt,
es gibt lange Lügenbeine.
Es gibt nichts, was es nicht gibt,
jetzt sogar dieses Gereime.

Es gibt Weiten zu bedichten
es gibt Falter die im Licht tollen,
Es gibt Onkel, die wollen Nichten
Staatsanwälte, die das nicht wollen.
Es gibt Passivaktionäre,
Pazifisten die sich rüsten,
Gegenwehr gegen Gewehre,
Frauen, die sich mit Hintern brüsten

Es gibt Freizeit-Störtebeker,
die mit Kleckerburgen protzen;
Pferde, die beim Apotheker
lieber kacken, statt zu kotzen
Es gibt Schneider ohne Kleider
Es gibt Schuster ohne Leisten
Meister ohne Übung, leider,
und Nichts im All am allermeisten.

Es gibt Tüchtige, ganz glücklos
Loch an Loch und hält doch nicht.
Manche Esel kommen nicht, bloß
weil man grad von ihnen spricht.
Letzte Beste. Erste Reste.
Mittendrin und nicht dabei.
Es gibt stattfindende Feste
mit ausgefallener Feierei.

Es gibt gut versteckte Stecker,
Kabelarme, die nicht reichen,
Es gibt ganz verdreckte Trecker,
Menschen die den Hintern bleichen
Es gibt Löcher ohne Käse
Es gibt Köche ohne Brei
Annas Nase, Anamnese
Und es **gibt** Bier auf Hawaii.

Journaljuristische Klarstellung

Dieser Bericht ist kein Plagiat.
Unabhängig prüften hier vier Zähler
und bemerkten: Er hat in der Tat
die nötige Anzahl Kopierfehler.

Macht allein

Macht allein
macht allein.
Wer Macht sucht,
findet Einsamkeit.
Er tauscht sein Ziel
gegen die Kraft,
es zu erreichen
in kürzerer Zeit.

Dann verwendet
er die Kraft,
die er erhielt
für den Erhalt
der Macht,
was Einsamkeit
noch größer macht.

Das klingt nicht klug
und niemand hat
jemals behauptet
Macht sei klug.
Macht ist nur schlau
Macht ist verschlagen
Macht mag herrschen,
nicht ertragen.
Macht ist Antwort.
Macht will Fragen,

die zu dieser Antwort passen
und nur die sich stellen lassen,
nicht Fragen, die infrage stellen.

Macht will nicht fallen,
Macht will fällen,
Macht kann fällen, was Macht stört.
Bis Macht nur noch sich selbst gehört
in einer Einsamkeit, die Macht
für sich und ganz allein gemacht.

Ich weiß das. Aber dennoch, wenn
ich manchmal einsam bin
wünsche ich mir immer wieder
Macht über das, was einsam macht.
Doch das, was einsam macht, ist Macht.

Das hat sich Macht schlau ausgedacht!

Wirtschaftliche Klarstellung

Wir hätten diese
Aufforstungsmaschine
unmöglich bauen können,
hätten wir zuvor
nicht den Wald gerodet.

Marathonmann

Ich laufe noch. Ihr seid schon angekommen
in Euren Leben und in Euren Welten.
Ich laufe noch. Mein Leben liegt verschwommen
in Morgennebel und zeigt sich nur selten.

Ich lauf noch um mein Leben. Ohne Hast hat's
mich auf den Weg geschickt. Oft dacht ich schon
ich wär im Ziel. Doch dann war's nur ein Rastplatz,
auf dem ich Leben sah, in Fremdversion.

Ich laufe also bin ich. Das zu sagen
reicht mir der Atem gerade noch. Mein Lauf
ist keine Flucht vor euren Lebensfragen.
Ich halte mich nur nicht lang damit auf.

Pferdeweisheit

Der Apfel fällt nicht weit vom Schwanz.
Und wer nicht stinken will,
der hebt den Schwanz am besten ganz
Und steht für eine Weile still

Spatzenweisheit

Der Apfel fällt nicht weit vom Pferd.
Weil Pferde Hufe haben
gilt: Es wird sich erst ernährt
wenn sie weitertraben.

Apfelweisheit

Darm ist warm. Die Straße kalt.
Darm allerdings presst mich.
Spatz hat mich gern auf dem Asphalt
sein Schnabel nur ist lästig.

Frühlingskurzurlaub auf dem Land

Wenn man so sitz, auf dem Balkon
das Alpenpanorama in der Ferne
sattgrüne Wiesen, dutzende davon,
die Häuser Stein statt Stahlbeton
den Schoß besonnt von Frühlingswärme,

Nase und Ohr voll Landwirtschaft,
und Pollen lebensfroher Linden,
die ungestüm und flatterhaft,
freigiebig ihre Lebenskraft
mit jedem teilen, den sie finden,

will man den Alltag schon verlassen,
hier weiter leben und hier bleiben,
bei blauweiß Kitsch an Kaffeetassen
den Mädchen in die Dirndl fassen
und Rinder auf die Wiesen treiben

und überhaupt wieder ganz spärlich
leben, von der Hand zum Mund,
bescheiden sein, glücklich und ehrlich.
Das Leben ist lebensgefährlich
und hier, wie`s aussieht, noch gesund.

Ein Radio summt. Der Wettermann,
warnt stürmisch vor Gewitterböen.
Man zieht ins Haus und sich was an,
fährt wieder heim. Den Regen kann
man, weiß Gott, auch zu Hause sehn.

Man nimmt sich vor, zurück zu kehren.
Ganz sicher. Doch! Es wird passieren!
Wenn die Termine nur nicht wären!
Der Sturm bleibt aus. Weil seine Sphären
die Wetterwarnung ignorieren.

Wieskirche (UNESCO-Weltkulturerbe)

Von außen schmucklos, weiß, bescheiden
zufrieden mit sich selbst allein
auf weiter Flur und endlos grünen Weiden

doch drinnen: Wandgemälde, Wunderorte
goldbestrahltes Farbenprächtigsein,
ein Wolkenchor an roter Himmelspforte

über dem, aus kaltem Stein gemeißelten,
Geruch nach feuchter Ewigkeit. Die Tränen
von Jesus, dem am Kreuz gegeißelten

und auferstandenen, rochen so? Nach Toten?
Am Eingang Hoffnungskerzen, mitzunehmen
für einen Euro: Drinnen anzünden verboten!

Ameisenweisheit

„In Ihrer Sucht nach Anderssein
sind sich doch alle Menschen gleich“,
sprach eine Ameise zur anderen.
„Gottseidank sind wir ganz anders.“

Omas Rat

Wenn Du deinen Mut verlierst,
dann lass ihn liegen. Könnte sein,
du willst ihn aufheben, derweil
du jedermann dein Hinterteil
für einen Arschtritt präsentierst.
Und glaub mir: Jemand tritt hinein!

Verlorener Mut hat seine Tücken,
weil er vor allem Kummer schafft.
Versuch` nicht, dich nach Mut zu bücken;
Mut kommt, wenn sich der Rücken strafft.

Was wird man sagen?

Was wird man sagen über uns und unsere Tage?
Mutlos waren sie und lebensscheu und satt
und kannten schon die Antwort vor der Frage
und fürchteten den Sieg mehr als die Niederlage
und fanden zwischen Sein und Haben statt?

Zwischen Null und Eins nie ganz entschieden?
Sie lachten über altbekannte Witze
im Angesicht von altbekannten Kriegen,
die sie bedrängten, sie und ihren Frieden,
in ihren Zimmern zwischen Hanfleinen und Spitze,

während auf den Schlachtfeldern im Osten
Granatenhülsen wuchsen und kein Korn,
schützten sie ihr Altenteil auf Kosten
einer Jugend, die im Westen ihren Posten
verließ, weil ihn die Alten längst verloren;

während übervolle Kähne aus dem Süden
unerwünschte fremde Jugend brachten,
mit leere Mägen, leeren Augen und mit müden
Herzen, die unsere erlernten Attitüden
gespielten Mitleids nur noch leerer machten;

Während Gletscher schmolzen hoch im Norden,
die Meere wuchsen, hofften sie auf guten Wind
für ihre Yacht in südlicheren Orten,
erobert von touristischen Kohorten?
Sie sahen alles und sie blieben blind?

Das wird man sagen, über uns und unsere Tage?
Sie saßen auf der Insel und auf Geldern,
betend um Erlösung von der Frage,
"Was tun?" und dass Computer in der Lage
wären, aus abgeholzten Regenwäldern,

Bombentests, verschwundenen Tieren,
Sturm, Beben, Flut, die sich ausbreiten
sinnstiftend eine Zahl zu extrahieren?
Wird man auf Kraterwüsten stieren?
Was wird man sagen über unsere Zeiten?

Dass wir in unserer allerletzten Stunde
als um uns Granaten, Felsen, Kugeln
und Weltraumschrott zerbarsten, wunde
Finger über Handys schoben, Vagabunde
der Geschichte, die nach Pizzadiensten googlen?

Was wird man sagen, über uns und unsere Tage.
Wird man was sagen? Ist vielleicht das die Frage?

Frage und Antwort

Es ist
erstaunlich,
wie schnell
es uns
gelingt,
die richtige,
Antwort
zu finden,
sobald wir nur
die eine
dazu
passende Frage
stellen.

Mutproben und so

Natürlich bin ich früher
mal auf einem Seil
zwischen Wolkenkratzer-
türmen balanciert.

Ich rede nicht darüber,
schon gar nicht im Detail.
Denn trotz einiger Patzer
ist mir nichts passiert.

Das war auch nicht die ganze
Geschichte. Weil das Seil
im Gras lag. Ich war nur
ein Bodenakrobat.

Und so eine Nuance,
solch winziges Detail
zur Imagepolitur,
hat jede große Tat.

Nackte Tatsachen

(Eröffnung der Ausstellung: „Vielschichtig- Die
Kunst des Körpers zur Verwandlung" im Kunsthaus
Sans Titre, Potsdam, 9.Mai 2014)

Ursprünglich wollt ich, frei von Zwängen
heute Abend nackt erscheinen.
Es wär den Bildern, die hier hängen
angemessen, könnt man meinen.
Dann habe ich eine ganze Stunde
nackt vorm Spiegel zugebracht,
inspizierte meine Pfunde,
Und habe wieder umgedacht.
Was ich sah, war nicht erfreulich.
Falten, Fett, behaarte Ohren,
Zähne gelblich, Brauen gräulich,
blaue Nasenadern, Poren,
Ein Doppelkinn am Halsbeginn
durch Haltung gerade noch kaschierbar
das gilt, schaut man zur Wampe hin,
nicht mehr, deren Schöpfer Bier war.
Das sollte ich sein? Nein, unmöglich.
Noch neulich war ich sportlich schlank,
mit Marmorhaut. Ich joggte täglich.
War vielleicht der Spiegel krank?
Er war es nicht. Nur ich gekränkt.
Vom Anblick meiner Überdehnung.
Was man manchmal von sich denkt
ist schlicht gestörte Selbstwahrnehmung.

Was wir wirklich sind, das sehen
wir nur selten, wenn`s uns packt
und wir lang vorm Spiegel stehen
gelassen, ungestört und nackt,
gerade raus und restlos ehrlich.
Allerdings im Alltag finden
wir das Nacktsein sehr entbehrlich
(wenn nicht subversiv gefährlich)
und müh`n uns, es zu unterbinden,
Bei der Geburt bereits. Man hüllt
das neugeborene Lebensbündel,
das nackt erscheint und herzhaft brüllt
zunächst in eine dicke Windel.
Warum man es so fest verpackt?
Um es zu schützen? Nein, weil`s uns,
sonst in das saubere Leben kackt!
Nackt blieb das Kind nur in der Kunst
Man malte Flügel an die Knochen
ihm, bis es ein Engel war. Prompt
fliegt es durch die Stilepochen,
wobei es ohne Windel klarkommt
und allzeit sehr zufrieden grinste.
Wer sich außerhalb der Künste
ein Bild von nackten Kindern macht
tut etwas, das er nicht tun darf
und gerät in den Verdacht
er sei Kinderpornograf.

Man sagt, der olle Adam ist
schuld, dass Nacktheit uns verschreckt.
Als er in die Erkenntnis biss,
hat er das Feigenblatt entdeckt.
Mangels besserer Ideen
gab er es Eva, die es nahm, bloß
sich zu schmücken und seitdem,
sah Adam Eva nur noch scham-los.
Erkenntnis sei es, lernten wir,
die uns bei Nacktheit Scham empfinden
lässt. Und so entfernten wir
das Nackte, ließen es verschwinden.
Wir leben mit dem festen Willen
nackte Fakten, die uns packen
zu verstecken, zu verhüllen,
zu bemalen, zu belacken.

Will das nicht gelingen, bleibt
manchmal nur betretenes Schweigen:
Wenn Kameras aus Abu Ghreib
nackte Menschenhaufen zeigen,
machtlos ausgeliefert ihren
Wächtern, die uniformiert
grinsend für ein Bild posieren
Gewalt ist nackt, wenn sie passiert.
All die in Birkenau Vergasten,
die Erschlagenen Roter Khmeer,
abgehackte Kindsgliedmaßen
in Darfur, gehen uns näher

weil sie nackt sind. Furchtbar nackt.
Ihre Nacktheit macht das Grauen,
dass uns bei dem Anblick packt
groß genug, um wegzuschauen.

Wenn, zum Ausgleich dieser Schrecken,
wir am Zeitungskiosk endlich
den Kopf in Hochglanznacktheit stecken,
scheint uns das ganz selbstverständlich;
Wir wissen: diese Fleischidyllen
aus nackter Haut sind auch nur Hüllen.

Die Nacktheit existiert natürlich
nicht losgelöst von Ort und Zeit
und schon gar nicht an und für sich.
Sibirien ist groß und weit
für Putin, der sich dort halb nackt
filmen lässt als Gottesschwager.
In Moskau bringt derselbe Akt
tut Frau ihn, schon mal Arbeitslager,
sofern sie Brüste blitzen lässt
als Demonstrantin vor Altären
Nacktheit kann, ist sie Protest,
reichlich Ärgernis bescheren.

Das Leben wäre manches Mal
komplett verhüllt vielleicht viel leichter.
Doch dann: Ein erster Sonnenstrahl
der früh durchs Fenster schleicht, erreicht sehr
zart die traumlächelnden Züge
der Liebsten, nachtgeweichte Haut
ins Laken fließend auf der Liege
Und staunend wie ein Argonaut
versenk ich in dies goldene Vließ,
Augen, Lippen, Hände, Nase.
Die Nacktheit ist meine Oase
Was sage ich: Mein Paradies
Ihre Nacktheit ist die Hülle
und gemacht, um mich zu wärmen
in meiner ganzen Leibesfülle.
So nah, dass ich davon nicht schwärmen
muss. Ich kann es nehmen!
Voll mit „Du Darfst". Und kein „Du musst!"
Voller „Zeig. dich". Kein „Los, schämen!"
Nur nackte Schönheit. Nackte Lust.
Die festzuhalten, zu umklammern,
endlos, grenzenlos, total
wär gescheiter, als zu jammern
von Verhüllung und Moral,
über Normen, die begrenzen,
über Eitelkeit, die zwingt
über die Ambivalenzen
die die Nacktheit mit sich bringt;

über so ein Spiegelbild
das existente Körperschwere
in Alter statt in Schönheit hüllt,
obwohl ich lieber jünger wäre
und stark genug, um frei von Zwängen
nackt vor Ihnen zu erscheinen.
Es wär den Bildern, die hier hängen
angemessen, könnt man meinen.

Dass ich es nicht tat, nicht mal könnt,
weil mich die Konventionen leider
fesseln, liegt ja wohl im Trend.
Ich seh` hier keinen ohne Kleider.
Mal abgesehn von den Bildern
die die nackten Wände füllen
mit ihrer Nacktheit. Wortlos wildern
sie in den Gedankenhüllen
des Betrachters, der erschauert,
wenn er sich darin erkennt.
Die Hülle geht. Die Nacktheit dauert
in dem, was man Erinnern nennt.
Mehr als ein Spaß. Mehr als Spiel. Wichtig.
Nacktheit wird zu Sein und Handlung.
Entdecken Sie es hier: „Vielschichtig-
Die Kunst des Körpers zur Verwandlung"
des Betrachters. Das zu haben
wünsch ich uns einen guten Abend!

Letzte Gewissheiten
(Dazu ist nicht mehr zu sagen als: So ist es!)

Wo Wachleute Steine
zu Wachtürmen türmen,
türmen bald die wachen Leute.

Auch Kehrseiten lieben es oben zu liegen.

Die Kehrseite
der Kehrseite
des Besens
heißt Stiel.

Wenn wahr sein soll, was man so spricht:
„Alte Liebe rostet nicht",
dann, liebe Frau erhalte
dein Gesicht und dein Gewicht.
Roste lieber nicht, Alte!

Altwerden ist nichts für Feiglinge.

Ein Krümel kommt niemals allein.

Hinterher
ist auch nicht mehr
als ein weiteres Vorher
für das folgende Danach.
Ach?!

Selbstverständlich könnten wir
all unseren Müll
ins All expedieren.
Das ist nur eine Frage
der Abfallgebühren.

Es gibt Siege ohne Kriege
Es gibt Liebe ohne Leben
Es gibt Kriege ohne Siege
Aber Kriege ohne Liebe,
die hat es noch nie gegeben.